AF391360

VENTE DU JEUDI 4 MARS 1886

HOTEL DROUOT, SALLE N° 3

OBJETS D'ART

ORFÈVRERIE, BRONZES, PORCELAINES

VITRAUX ANCIENS, TAPISSERIES, MEUBLES

BIJOUX & DIAMANTS

EXPOSITION

LE MERCREDI 3 MARS 1886

DE 1 HEURE A 5 HEURES.

Me M. DELESTRE, Commissaire-priseur,

27, rue Drouot, 27.

EXPERTS

M. FALKENBERG   **M. B. LASQUIN**

6, rue Lafayette, 6.   12, rue Laffitte, 12.

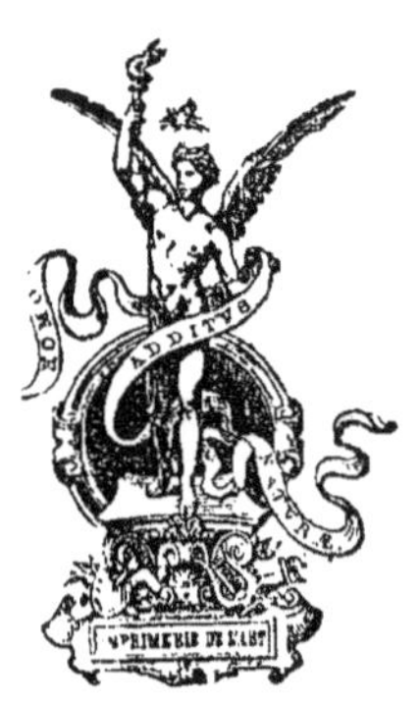

CATALOGUE

DES

OBJETS D'ART

Orfèvrerie : Statuette du xve siècle

BRONZES D'ART ET D'AMEUBLEMENT

Grand groupe en bronze de Barbedienne

Pendules et Appliques anciennes et de style Louis XIV et Louis XV

Anciennes Porcelaines de Chine — Faïences

Vitraux des xvie et xviie siècles

Tapisseries — Étoffes — Meubles

Diamants et Bijoux

DONT LA VENTE AURA LIEU

HOTEL DROUOT, SALLE N° 3

Le Jeudi 4 Mars 1886

A DEUX HEURES

COMMISSAIRE-PRISEUR

Me M. DELESTRE, 27, rue Drouot.

EXPERTS

M. FALKENBERG	**M. B. LASQUIN**
6, rue Lafayette, 6.	12, rue Laffitte, 12

Chez lesquels se distribue le présent Catalogue.

EXPOSITION PUBLIQUE

LE MERCREDI 3 MARS 1886

de 1 heure à 5 heures.

CONDITIONS DE LA VENTE

Elle sera faite au comptant.

Les acquéreurs payeront *cinq pour cent* en plus des prix d'adjudication.

L'exposition mettant le public à même de se rendre compte de l'état des objets, aucune réclamation ne sera admise une fois l'adjudication prononcée.

Paris. — Imp. de l'Art. E. Ménard et J. Augry
41, rue de la Victoire, 41

DÉSIGNATION DES OBJETS

ORFÈVRERIE

1 — Curieuse statuette en argent ciselé du xv⁰ siècle : le Christ ressuscité, debout dans l'attitude de la bénédiction et tenant une croix de la main gauche.

La tête, à longue barbe avec chevelure divisée en plusieurs tresses enroulées retombant sur le cou, est entourée d'un nimbe ; un manteau en argent doré est jeté sur les épaules.

Cette statuette paraît avoir été montée postérieurement sur un socle du xvi⁰ siècle également en argent, doré en partie, ornée de trois petites consoles formées de sphinx ailés (l'un manque) et de trois petits médaillons représentant le Christ en croix, le saint suaire et l'agneau pascal.

Hauteur totale, 24 cent.

2 — Vase en forme d'écureuil monté sur un fruit et grignotant un gland ; en argent repoussé et ciselé. xviii⁰ siècle.

3 — Deux plats Louis XV, à contours, en argent vieux Paris.

4 — Couvert composé d'une cuiller, d'une four-
chette, d'un couteau en vermeil, à armoiries et
figures de style Renaissance.

BIJOUX ET DIAMANTS

5 — Sous ce numéro seront vendus un certain
nombre de bijoux en or, garnis de brillants et de
pierres précieuses.

6 — Montre Louis XV, en or à deux tons, ciselée à
fleurs et ornements et garnie d'un portrait de
jeune femme peint sur émail.

BRONZES D'ART ET D'AMEUBLEMENT

7 — Grand groupe en bronze de Barbedienne,
d'après Mène; le piqueur à cheval tenant un
relais de cinq chiens.

Haut., 71 cent.; larg., 82 cent.

8 — Pendule Louis XVI, en bronze doré et ciselé,
surmontée de la figure de l'Astronomie, sous les
traits d'un enfant génie en bronze à patine
brune.

9 — Grande pendule d'un beau modèle de style
Louis XV, en bronze doré, composée du sujet de
l'Enlèvement d'Europe; socle de style rocaille.

10 — Pendule de style Louis XV, en bronze doré,
composée d'ornements rocaille, ornée d'un tro-

phée d'attributs de musique et surmontée d'une figure d'amour.

11 — Deux appliques à deux lumières en bronze doré, du temps de la Régence, formées de grappes de feuillages et d'enroulements.

12 — Deux grandes girandoles, à quatre lumières en bronze doré, garnies de cristaux et supportées par des vases en marbre vert de mer, à têtes et pieds de bouc en bronze ciselé et doré.

13 — Deux grands flambeaux de style Louis XVI, à cariatides, feuillages et guirlandes en bronze doré.

14 — Deux flambeaux Louis XVI, à cannelures, en cuivre doré.

15 — Deux candélabres formés chacun d'un vase balustre en ancienne porcelaine du Japon, à décor bleu de fleurs d'aubépine, avec montures à bouquets de lis à cinq lumières et socles de style rocaille en bronze doré.

16 — Grande torchère, composée d'une potiche et d'un cornet superposés en ancienne porcelaine du Japon, laquée avec monture en bronze doré. Socle en bois noir.

17 — Pendule Louis XIV, et son socle de suspenpension, en marqueterie de cuivre sur écaille ornée de bronze et surmontée d'une figure de renommée.

18 — Guéridon formé d'un plat en ancienne porce-

laine du Japon, décoré en bleu et rouge avec pied en bronze.

19 — Deux appliques à trois lumières en cuivre doré, garnies de plaquettes en cristal de Bohême.

20 — Deux coupes en porcelaine du Japon, bleu, rouge et or, avec montures en bronze.

21 — Deux vases piriformes en ancien céladon haricot rouge de Chine, garnis de montures Louis XVI, en bronze doré.

PORCELAINES ANCIENNES, FAIENCES

22 — Groupe en ancienne porcelaine de Chine : un poussah assis adossé à un rocher surmonté d'un vase, et tenant une tasse.

23 — Deux carpes sur des flots, en ancienne porcelaine de Chine, émaillées en couleurs, montées sur des socles de style Louis XV, en bronze ciselé et doré.

24 — Plat en vieux Chine, décoré en émaux de la famille rose à chrysanthèmes avec rehauts d'or.

25 — Plat à arabesques en ancienne porcelaine du Japon, décoré en bleu, rouge et or.

26 — Autre plat en vieux Japon, bleu, rouge et or, à rosace au centre et feuillages au marli.

27 — Cornets en ancienne porcelaine de Chine, décoré en émaux de couleurs, rehaussé d'or à

fleurs et arbustes sur un rocher avec bordure à
lambrequin.

28 — Petites potiches en ancienne porcelaine de
Chine, décorées, en émaux de la famille rose, de
vases de fleurs, d'arbustes et d'attributs.

29 — Plat en ancienne porcelaine de Saxe, décoré
de fleurs et d'oiseaux genre chinois.

30 — Pot à eau, cuvette et gobelet en porcelaine
décorés de fleurs et de figures orientales sur fond
vert d'eau.

31 — Quatre assiettes en porcelaine, décorées de
fleurs sur fond bleu et rose.

32 — Vasque de forme contournée en faïence
d'Alcora à décor polychrome de kiosques et de
fleurs.

33 — Petit monument en faïence hispano-arabe à
reflets métalliques, surmonté d'une statuette de
reine couchée.

34 — Quatre cornets en faïence espagnole à décor
bleu.

35 — Deux plats ovales en faïence allemande représentant le plan d'une bataille et un paysage.

36 — Deux assiettes de même faïence, décorées de
paysage et d'architecture.

37 — Petit plat en faïence de Pesaro, décoré d'im-
brications et de palmettes en couleurs.

38 — Plat en faïence à reflets, tête de guerrier.

3g — Grande cuvette en faïence hispano-moresque à reflets.

40 — Deux hanaps en faïence allemande, à décors variés.

41 — Deux vases de forme sphérique en faïence de Castel Durante, décorés de feuillages et d'animaux en couleurs sur fond bleu, l'un orné d'un buste.

42 — Lampe de mosquée en forme de vase en ancienne faïence de Perse, bleu turquoise, à décor d'arabesque fait à froid.

43 à 53 — Sous ce numéro trente vases en ancienne faïence du Tyrol, à décors variés en couleurs et en bleu.

VITRAUX

54 à 64 — Environ vingt vitraux des xvie et xviie siècles, à sujets divers, personnages et armoiries, seront vendus séparément.

OBJETS VARIÉS

65 — Médaillon circulaire en bois de noyer sculpté du xvie siècle, représentant la Nativité. Au centre d'un portique, l'Enfant Jésus, couché sur la crèche devant saint Joseph et la Vierge agenouillés; à droite, un berger tenant un chien; à gauche un autre berger descendant un escalier apporte une

corbeille de fruits; un troisième personnage apparaît sur le haut du portique ; dans le haut, au fond, le sujet de l'Annonciation aux bergers.

Diam., 26 cent.

66 — Coffret rectangulaire plaqué d'écaille et orné d'incrustations d'ivoire et de nacre, avec écusson armorié sur le couvercle.
Il est également décoré à l'intérieur.

67 — Croix en cristal de roche, montée sur un pied Louis XIII incrusté de nacre gravée.

68 — Joli cadre Louis XIV en bois sculpté et doré, encadrant une feuille d'éventail peinte à la gouache sur vélin.

69 — Petit cadre Louis XIII en bois sculpté et doré, à feuillages contenant une peinture sur cuivre : Sainte Famille.

70 — Deux petits hauts-reliefs italiens en albâtre sculpté du xvi siècle, représentant la Cène et le Christ au Calvaire. Cadres de l'époque.

71 — Bas-relief en buis sculpté : saint Stanislas dans un médaillon d'ornements, avec encadrement à colonnettes, surmonté des figures du Christ, de la Vierge et de saint Jean. Travail polonais du xviii siècle.

72 — Petite écritoire Louis XV en forme rognon, en bois de rose, garnie de trois godets, d'une poignée, avec bougeoir et de quatre petits pieds en bronze.

73 — Nécessaire de voyage du temps de Louis XVI,

composé d'un pot à eau et de deux boîtes à savon
en ancienne porcelaine de Sèvres, pâte tendre, à
décor de fleurettes, de deux flacons et deux gobe-
lets en ancien verre de Bohême, dans une gaine
de l'époque en cuir.

74 — Bénitier en émail de Nouailher à ornements
en relief, représentant une Sainte faisant l'au-
mône.

75 — Triptyque en ivoire sculpté à figures allégo-
goriques, amours et ornements de style Renaissance.

76 — Plaque rectangulaire en ivoire sculpté en bas-
relief : le Calvaire, et une autre petite plaque en
ivoire : Jésus et saint Thomas.

77 — Plaque en émail de Laudin : saint François
d'Assise.

78 — Miniature sur ivoire : portrait présumé d'une
princesse de la famille d'Orléans, par Couturieux.

79 — Curieux jeu de loto avec fiches et numéros en
ivoire gravé. Il aurait appartenu aux filles de
Louis XV, deux des cartons portent le nom de
Mme Victoire et de Mme Adélaïde. Il est contenu
dans un petit meuble spécialement établi pour le
renfermer.

80 — Lanterne chinoise en bois noir découpé et
verre peint à figures.

81 — Autre lanterne chinoise, garnie de perles.

82 — Trois appliques en bois sculpté et doré en partie, à têtes de chérubins et feuillages.

MEUBLES

83 — Console formant jardinière, en bois sculpté et doré, à quatre pieds contournés reliés par un croisillon surmonté d'un vase à guirlandes.

84 — Console d'applique Louis XV, en bois sculpté et doré à feuillages et ornements rocaille.

85 — Deux canapés.

86 — Deux consoles de style Louis XVI, de forme carrée, en bois sculpté ajouré et doré.

87 — Fauteuil Louis XV.

TAPISSERIES

88 à 99 — Douze tapisseries anciennes à sujets de verdure.

100 — Carpettes orientales.

101 — Étoffes anciennes.